Utilizando a tecnologia do ChatGPT para marketing

Conteúdo

Os comandos prompt são ferramentas poderosas que podem ajudar os profissionais de marketing a automatizar tarefas, analisar dados e melhorar a eficiência do seu trabalho. Neste livro, apresentamos como utilizar comandos prompt para marketing, utilizando a tecnologia do ChatGPT.

Por exemplo, práticos, mostramos como utilizar comandos prompt para análise de dados, criação de scripts personalizados, gestão de campanhas de marketing e outras tarefas importantes para profissionais de marketing. Aprenderá como integrar comandos prompt com outras ferramentas de marketing digital e utilizar o ChatGPT para maximizar a produtividade e a precisão do seu trabalho.

Ao final da leitura, terá uma compreensão sólida sobre como utilizar comandos prompt para marketing e como a tecnologia do ChatGPT pode ser útil nesse processo. Este livro é uma leitura essencial para qualquer profissional de marketing que deseja melhorar a sua eficiência e precisão no trabalho.

Blogging

Comandos:

Escreva um esboço de blog para um artigo sobre [TÓPICO]

O esboço deve ser uma lista de 10 títulos

Escreva uma introdução de blog de 2 parágrafos para um artigo sobre [TÓPICO]. A introdução deve ter no máximo 200 palavras. Torne-o altamente envolvente e atraia o leitor.

Escreva uma breve e doce conclusão de blog para um artigo sobre [TÓPICO]. A conclusão deve ter, no máximo, 200 palavras. Resuma brevemente o artigo com uma lista de 5 pontos. Torne-o conciso.

Adicionar um call-to-action para [produto/serviço]

Escreva um artigo de 2000 palavras completamente único sobre "TÓPICO"

[DETALHES OPCIONAIS DO PRODUTO/SERVIÇO] - por exemplo, o AtOnce é uma ferramenta de atendimento ao cliente de IA... funciona com Shopify, Woocommerce... etc.

[DESCRIÇÃO DA FORMATAÇÃO] - por exemplo, adicionar tags, adicionar <p> </p> pontos etc

[ESBOÇO A UTILIZAR] Torne-o altamente envolvente. Escreva para o nível de um aluno do 5º ano. Torne-o único. Não se repita. [Insira todos os detalhes adicionais aqui]

[INFORMAÇÃO EXTRA A INCLUIR] - por exemplo, adicionar contra-argumentos ao tópico. Aborde as preocupações comuns dos leitores em torno do tema. Escreva uma lista de 10 perguntas frequentes

Termine o artigo no mesmo formato. Torne-o altamente envolvente.

Extensão de artigos: escreva [X] parágrafos detalhados e altamente envolventes no mesmo formato. Inclua marcadores. Não inclua os mesmos pontos acima. Escreva novos pontos. Torne-o envolvente.

Comandos:

É possível prever novos conceitos da empresa sem financiamento?

Envie um e-mail solicitando que as pessoas ajam mais rapidamente.

Por favor, use a seguinte descrição de trabalho e o meu currículo para escrever uma carta

Por favor, partilhe a ordem do dia da reunião com antecedência.

Por favor, crie um roteiro de produtos para o storie do Instagram, de modo a aumentar o número de postagens. Seja o mais detalhado possível e, sempre que possível, use comparações com outras ferramentas, como o TikTok.

Proponho debatermos ideias de negócios juntos sobre o serviço de entrega de refeições. Vai se fazer 1000 perguntas que devem gerar mais ideias e responderá a essas perguntas.

Escreva uma cópia de 50 palavras para um produto chamado "BizGrowth" que ajuda os criadores de conteúdo em dificuldades a obter mais seguidores e ganhar dinheiro em 30 dias com garantia e, em seguida, peça-lhes que se inscrevam no BizGrowth.io

Gere ideias de startups digitais com base no desejo das pessoas. Por exemplo, quando digo "Eu gostaria que houvesse um grande shopping grande na minha pequena cidade", gera um plano de negócios para a startup digital completo com nome da ideia, um forro curto, persona do utilizador alvo, pontos problemáticos do utilizador para resolver, principais propostas de valor, canais de vendas e marketing, fontes de fluxo de receita, estruturas de custos, atividades-chave, recursos-chave, parceiros-chave, etapas de validação de ideias, custo estimado de operação no 1º ano e potenciais desafios de negócios a serem procurados. Anote o resultado numa tabela de remarcação.

Crie uma lista de 21 objeções que um cliente pode ter sobre o novo refrigerante saudável realizado com fibras vegetais e probióticos, chamado Olipop

Escreva uma conta em primeira pessoa de um personagem chamado Rob sobre como é ser copywriter lutando para conseguir clientes do Upwork. Seja muito específico sobre os problemas que Rob enfrenta e como ele se sente no dia a dia.

Atue como um gerador de manchetes e forneça 15 manchetes com base nas seguintes palavras-chave: kombucha, orgânico, bilhões de probióticos, bebida alcoólica, diversão

Criar uma política de devolução de 50 dias para o meu site de comércio eletrônico, descrevendo que o cliente enviou o produto, solicitando uma etiqueta de envio de devolução para reembolsos e trocas. Torne o tom otimista, positivo e inspirador.

Esboce uma página de vendas de 10 pontos promovendo um sérum clareador de dentes endossado por dezenas de celebridades e dentistas de renome para fazer com que mulheres millennial experimentem a primeira remessa do produto gratuitamente. Torne a cópia engraçada, amigável e fácil de ler.

Dê-me 10 ideias para ganchos que chamem a atenção que posso fazer durante os primeiros 3 segundos de um vídeo do TikTok sobre as 10 melhores cidades para visitar nos Estados Unidos se gosta de comer donuts. O objetivo é impedir que alguém role e assista ao vídeo.

Escrever um contrato para o meu cliente de comércio eletrónico pagando a minha empresa $3000 por mês com a fatura devida líquida 30

Escrever uma política de privacidade segundo o GDPR para o meu site sobre velas naturais, descrevendo como o site lidará com propriedade intelectual e dados pessoais

Escreva um anúncio de emprego para [função de emprego] exigindo [experiência] e executando essas tarefas principais [lista de tarefas]

Copywriting

Comandos:

Reescreva uma cópia para torná-la mais concisa.

Escreva um título que chame a atenção e atraia os leitores.

Crie um modelo de copywriting para usar em peças comuns.

Faça um brainstorm de maneiras de tornar uma cópia mais envolvente.

Crie 3 títulos diferentes para uma peça escrita.

Analise a eficácia de uma cópia e faça melhorias.

Escreva uma cópia da perspetiva de um cliente.

Desenvolver um argumento persuasivo para um produto ou serviço.

Reescreva uma cópia para torná-la mais persuasiva.

Analise a gramática e a pontuação numa cópia.

Pesquise o público-alvo para uma cópia.

Tente escrever uma cópia em dois estilos diferentes.

Escreva uma cópia que seja fácil de ler e entender.

Reescreva uma cópia para torná-la mais acessível.

Desenvolver um guia de estilo para um tipo específico de cópia e estabelecer coerência entre eles.

Encontre 5 exemplares que admira e analise o que os torna bem-sucedidos.

Reescreva uma cópia para torná-la mais adequada para um público diferente.

Faça um brainstorm de ideias para uma nova série de posts no blog sobre um tópico específico.

Reescreva uma cópia para torná-la mais amigável para SEO.

Analise a estrutura de uma cópia e faça melhorias.

Pesquise a concorrência e escreva uma comparação entre eles e o seu produto.

Escreva uma cópia que aborde uma objeção comum do cliente.

Reescreva uma cópia para torná-la mais convencional

Desenvolver um high pitch para um novo produto ou serviço.

Reescreva uma cópia para torná-la mais pessoal e relacionável.

Escreva um estudo de caso que destaque o sucesso de um cliente.

Faça um brainstorm de ideias para uma série de e-mails para envolver os clientes.

Escreva uma cópia direcionada para um grupo demográfico específico.

Desenvolva um guia de voz e tom para um tipo específico de cópia.

Analise uma cópia e identifique as técnicas utilizadas para tornar a escrita persuasiva.

Reescreva uma cópia para torná-la mais memorável.

Faça um brainstorm de ideias para um novo whitepaper sobre um tópico específico.

Reescreva uma cópia para torná-la mais atraente para um grupo demográfico mais jovem.

Analise o tom de uma cópia e faça melhorias.

Pesquise o público-alvo para uma cópia e desenvolva um perfil.

Escreva uma cópia que promova os benefícios de um produto.

Reescreva uma cópia para torná-la mais precisa e factual.

Desenvolva um call-to-action que incentive os leitores a agir.

Reescreva uma cópia para torná-la mais envolvente e divertida.

Escreva um estudo de caso que destaque o sucesso da experiência de um cliente.

Faça um brainstorm de ideias para uma série de publicações nas redes sociais sobre um tópico específico.

Escreva uma cópia direcionada para uma região ou país específico.

Desenvolver um guia de estilo para um tipo específico de cópia e estabelecer consistência.

Reescreva uma cópia para torná-la mais convincente.

Escreva um título que se destaque e chame a atenção dos leitores.

Desenvolver um modelo para escrever uma cópia persuasiva.

Faça um brainstorm de maneiras de tornar uma cópia mais concisa.

Reescreva uma cópia para torná-la mais informativa.

Pesquise o público-alvo para uma cópia e escreva para eles.

Escreva uma cópia que seja persuasiva e convincente

Reescreva uma cópia para torná-la mais atraente

Analise a gramática e a pontuação de uma cópia

Pesquise a concorrência e crie uma comparação do seu produto.

Reescreva uma cópia para torná-la mais envolvente.

Desenvolver um guia de estilo para um tipo específico de cópia.

Reescreva uma cópia para torná-la mais concisa e objetiva.

Email Marketing

Comandos:

"Preciso de um [tipo de e-mail] que convença a minha [persona ideal de cliente] a comprar o meu [produto/serviço], destacando os seus benefícios únicos e abordando quaisquer objeções potenciais

"Procuro um [tipo de e-mail] que convença a minha [persona de cliente ideal] a inscrever-se no meu [programa/subscrição], explicando o valor que traz e os benefícios que receberão."

"Procuro um [tipo de e-mail] que convença a minha [persona de cliente ideal] a inscrever-se no meu [programa/subscrição], explicando o valor que traz e os benefícios que receberão."

"Procuro um [tipo de e-mail] que explique as características e benefícios do meu [produto/serviço] para [a persona ideal do cliente] de forma clara e concisa, levando-o a fazer uma compra."

"Preciso de um [tipo de e-mail] que aborde os pontos problemáticos e as necessidades da minha [persona ideal do cliente] e mostre-lhes como meu [produto/serviço] é a solução que eles têm procurado."

"Procuro um [tipo de e-mail] que atraia a minha [persona ideal do cliente] com um título e gancho fortes e, em seguida, convencê-los a tomar [a ação desejada] com linguagem persuasiva e evidências convincentes."

"Preciso de um [tipo de e-mail] que conte uma história sobre o meu [produto/serviço] e como ele ajudou [a persona ideal do cliente] a alcançar o seu [objetivo] de uma forma relacionável e envolvente."

"Procuro um [tipo de e-mail] que mostre os recursos e benefícios exclusivos do meu [produto/serviço] para [a persona ideal do cliente] e os convença a fazer uma compra."

"Preciso de um [tipo de e-mail] que supere objeções e preocupações que a minha [persona ideal do cliente] possa ter sobre meu [produto/serviço] e convencê-los a tomar [a ação desejada]."

"Procuro um [tipo de e-mail] que estabeleça confiança e credibilidade com a minha [persona ideal de cliente], destacando os sucessos e testemunhos de clientes anteriores que utilizaram o meu [produto/serviço]."

"Preciso de um [tipo de e-mail] que faça com que a minha [persona ideal do cliente] sinta [emoção] sobre o meu [produto/serviço] e os convença a tomar [a ação desejada] com um senso de urgência."

"Procuro um [tipo de e-mail] que explique claramente os recursos e benefícios do meu [produto/serviço] para [a persona ideal do cliente] e os convença a fazer uma compra com um forte call-to-action."

"Preciso de um [tipo de e-mail] que mostre o valor e os benefícios do meu [produto/serviço] para [a persona ideal do cliente] e convencê-los a tomar [a ação desejada] com provas sociais e elementos de construção de credibilidade."

"Procuro um [tipo de e-mail] que fale diretamente com as necessidades e os pontos problemáticos da minha [persona ideal do cliente] e os convença a tomar [a ação desejada] com um senso de urgência e uma oferta forte."

"Preciso de um [tipo de e-mail] que convença a minha [persona ideal de cliente] a comprar o meu [produto/serviço], destacando os seus benefícios exclusivos e abordando possíveis objeções."

Criar uma campanha por e-mail para promover um novo produto ou serviço

Ofereça aos assinantes descontos e cupões exclusivos

Criar um e-mail com histórias de sucesso de clientes

Enviar uma pesquisa para coletar feedback dos clientes

Use um e-mail para mostrar avaliações e depoimentos de clientes

Crie uma série de e-mails para educar os clientes sobre o seu produto ou serviço

Crie um e-mail com um toque pessoal

Envie um boletim informativo com notícias e atualizações do setor

Criar um e-mail com conteúdo de vídeo

Criar um e-mail com um questionário ou elemento interativo

Criar um e-mail com conteúdo gráfico

Ofereça aos clientes uma avaliação gratuita dos seus serviços

Crie uma série de e-mails com avaliações de produtos

Criar um e-mail com perguntas e respostas com um líder da empresa

Crie um e-mail com uma visão dos bastidores da sua empresa.

Criar uma campanha por e-mail em torno de um evento ou feriado especial

Envie uma oferta especial única aos subscritores

Ofereça aos clientes descontos e cupões exclusivos

Crie uma série de e-mails com conteúdo de vídeo

Criar um e-mail com conteúdo gráfico

Enviar um e-mail com um questionário ou elemento interativo

Crie um e-mail com uma visão dos bastidores da sua empresa

Oferecer um incentivo aos clientes para deixarem avaliações de produtos

Oferecer um incentivo aos clientes para deixarem avaliações de produtos

Envie um e-mail para agradecer aos clientes pelo seu negócio

Usar um e-mail para apresentar um novo produto ou serviço

Criar um e-mail para anunciar uma nova postagem de blog ou artigo

Ofereça aos clientes a oportunidade de ganhar um prémio com uma campanha de e-mail

Ofereça aos clientes um presente gratuito com a compra

Envie uma newsletter com dicas e conselhos

Crie um e-mail com uma oferta especial para clientes que retornam

Enviar um e-mail para promover um próximo evento

Crie um e-mail para anunciar uma venda ou desconto

Use um e-mail para destacar depoimentos de clientes

Criar um e-mail para destacar avaliações de clientes

Crie um e-mail com uma oferta especial para clientes indicados

Crie um e-mail promocional para impulsionar as vendas online

Crie um e-mail promocional para impulsionar as vendas online

Facebook Ad

Comandos:

"Preciso de uma cópia do anúncio do Facebook que envolva a minha [persona ideal do cliente] com [tipo específico de conteúdo] de [tipo de influenciador] que possa compartilhar autenticamente os benefícios do meu [produto/serviço] e incentivá-los a fazer uma compra."

"Procuro uma cópia do anúncio do Facebook que use a prova social e a credibilidade [do tipo de influenciador] para persuadir a minha [persona ideal do cliente] a experimentar o meu [produto/serviço] e compartilhar a sua experiência positiva com os seus seguidores."

"Preciso de uma cópia do anúncio do Facebook que aproveite o alcance e a influência de [tipo de influenciador] para direcionar tráfego e vendas para o meu [produto/serviço] para a minha [persona ideal de cliente]."

"Procuro uma cópia de anúncio do Facebook que crie um senso de comunidade e pertence para a minha [persona ideal de cliente], apresentando conteúdo gerado pelo utilizador e incentivando-os a compartilhar as suas próprias experiências com o meu [produto/serviço] com a ajuda de [tipo de influenciador]."

"Preciso de uma cópia do anúncio do Facebook que aproveite a autoridade e a credibilidade do [tipo de influenciador] para educar a minha [persona ideal do cliente] sobre os benefícios do meu [produto/serviço] e persuadi-los a experimentá-lo por si mesmos."

"Procuro uma cópia de anúncio do Facebook que use a influência e o alcance de [tipo de influenciador] para mostrar os recursos e benefícios exclusivos do meu [produto/serviço] para a minha [persona ideal do cliente] e incentivá-los a fazer uma compra."

"Preciso de uma cópia do anúncio do Facebook que crie um senso de urgência e FOMO para a minha [persona ideal do cliente], apresentando ofertas e promoções exclusivas para o meu [produto/serviço]."

"Preciso de uma cópia do anúncio do Facebook que aproveite a autenticidade e a relatividade da minha [marca/empresa] para envolver a minha [persona ideal do cliente] e persuadi-los a tomar [a ação desejada] no meu [produto/serviço]."

"Procuro uma cópia do anúncio do Facebook que aproveite a prova social e a credibilidade da minha [marca/empresa] para persuadir a minha [persona de cliente ideal] a experimentar o meu [produto/serviço] e partilhar a sua experiência positiva com os seus seguidores."

"Preciso de uma cópia do anúncio do Facebook que envolva a minha [persona ideal do cliente] com uma campanha visual única e criativa que mostre os recursos e benefícios do meu [produto/serviço] de uma maneira atraente."

"Procuro uma cópia do anúncio do Facebook que use a influência e o alcance da minha [marca/empresa] para direcionar o tráfego e as vendas para o meu [produto/serviço] para a minha [persona ideal de cliente]."

"Preciso de uma cópia do anúncio do Facebook que aproveite a autoridade e a experiência da minha [marca/empresa] para educar a minha [persona ideal do cliente] sobre os benefícios do meu [produto/serviço] e persuadi-los a fazer uma compra."

"Procuro uma cópia do anúncio do Facebook que forneça uma prévia dos próximos produtos ou serviços e crie uma sensação de expectativa e entusiasmo para a minha persona de cliente ideal com um apelo à ação claro e atraente."

"Preciso de uma cópia do anúncio do Facebook que crie um senso de comunidade e pertencente para a minha [persona ideal do cliente], apresentando conteúdo gerado pelo utilizador e incentivando-os a compartilhar as suas próprias experiências com o meu [produto/serviço]."

"Procuro uma cópia do anúncio do Facebook que mostre as experiências únicas e pessoais da minha [persona ideal do cliente] com o meu [produto/serviço] e os convença a compartilhar a sua avaliação positiva com os seus seguidores."

"Gere 10 pontos problemáticos ao vender suplementos de academia"

"Expanda esses pontos problemáticos"

"Escreva um título para cada um desses pontos problemáticos"

"Adicione um emoji para cada uma das manchetes"

"Gere uma pequena cópia de vendas para cada título"

"Crie uma ideia de imagem e vídeo para cada ponto problemático"

"Gere 10 call to actions para esses pontos problemáticos"

"Gere 10 palavras-chave de anúncios Google/Facebook para segmentar com esses pontos problemáticos"

Landing Page

Comandos:

Como pode o design da página de destino ser usado para criar uma sensação de exclusividade e escassez?

Como o design da página de destino pode ser usado para criar uma sensação de simplicidade e facilidade de uso?

Como o design da página de destino pode ser usado para criar uma sensação de movimento e fluxo que oriente o visitante para a ação desejada?

Como a cópia da landing page pode ser otimizada para comunicar claramente a proposta de valor única do produto ou serviço e por que ela é relevante para o visitante?

Como a cópia da página de destino pode ser usada para criar um senso de urgência e incentivar os visitantes a agirem agora?

Como pode o uso de palavras de poder e linguagem orientada para a ação ser usado para criar um senso de urgência e incentivar os visitantes a agir agora?

Como o uso de técnicas de storytelling pode ser usado para criar uma conexão emocional com os visitantes e incentivá-los a agir agora?

Como pode a utilização da escassez e das ofertas por tempo limitado ser utilizada para criar um sentido de urgência e incentivar os visitantes a agirem já?

Como pode o uso da prova social ser usado para construir confiança e credibilidade com os visitantes e incentivá-los a agir agora?

Como pode ser utilizado o recurso a chamadas à ação claras e proeminentes para orientar os visitantes para a ação desejada?

Como utilizar uma linguagem clara e concisa para tornar a mensagem da página de destino fácil de compreender e agir?

Como pode a utilização de declarações de benefícios claras para comunicar o valor do produto ou serviço e incentivar os visitantes a agirem agora?

Como utilizar a utilização de uma linguagem clara e simples para comunicar o valor do produto ou serviço e incentivar os visitantes a agirem já?

Como utilizar uma linguagem clara e específica para comunicar o valor do produto ou serviço e incentivar os visitantes a agirem já?

Como pode ser utilizado o uso de uma linguagem clara e convincente para comunicar o valor do produto ou serviço e incentivar os visitantes a agirem agora?

Como utilizar uma linguagem clara e persuasiva para comunicar o valor do produto ou serviço e incentivar os visitantes a agirem já?

Como utilizar a utilização de uma linguagem clara e poderosa para comunicar o valor do produto ou serviço e incentivar os visitantes a agirem já?

Como pode a utilização de medidas claras e orientadas para a ação?

Como utilizar uma linguagem clara e transparente para comunicar os benefícios do produto ou serviço e criar confiança junto dos visitantes?

Como o uso de depoimentos e avaliações de clientes pode ser usado para construir confiança e credibilidade com os visitantes?

Como o uso de crachás, selos e certificações de confiança pode ser usado para construir confiança e credibilidade com os visitantes?

Como pode a utilização de uma navegação clara e fácil de utilizar para criar confiança e credibilidade junto dos visitantes?

Como pode ser utilizado o uso de um design claro e profissional para construir confiança e credibilidade junto dos visitantes?

Como pode ser utilizado o uso de um design claro e profissional para construir confiança e credibilidade junto dos visitantes?

Como utilizar a utilização de uma política de regresso clara e pormenorizada para criar confiança e credibilidade junto dos visitantes?

Como pode a utilização de uma política de reembolso clara e detalhada para criar confiança e credibilidade junto dos visitantes?

Como pode a utilização de uma política de envio clara e detalhada para criar confiança e credibilidade junto dos visitantes?

Como pode ser utilizado o uso de uma política de atendimento ao cliente clara e detalhada para construir confiança e credibilidade junto dos visitantes?

Como pode a utilização de informações de contacto claras e detalhadas para criar confiança e credibilidade junto dos visitantes?

Como pode a utilização de uma página de perguntas frequentes clara e detalhada para criar confiança e credibilidade junto dos visitantes?

Como pode a utilização de termos e condições claros e pormenorizados para criar confiança e credibilidade junto dos visitantes?

Como pode a utilização de informações claras e detalhadas sobre os preços para criar confiança e credibilidade junto dos visitantes?

Como pode a utilização de informações claras e detalhadas sobre produtos ou serviços para criar confiança e credibilidade junto dos visitantes?

Como pode ser utilizado o uso de uma garantia clara e detalhada ou informações de garantia para construir confiança e credibilidade junto dos visitantes?

Como pode a utilização de um título claro e que chame a atenção para captar a atenção dos visitantes?

Como o uso de cores contrastantes pode ser usado para chamar a atenção para elementos importantes na landing page?

Como o uso de imagens e vídeos pode ser usado para chamar a atenção dos visitantes e tornar a página de destino mais envolvente?

Como o uso de animações e efeitos de foco pode ser usado para capturar a atenção dos visitantes e tornar a página de destino mais interativa?

Como o uso de técnicas de storytelling pode ser usado para capturar a atenção dos visitantes e mantê-los envolvidos com o conteúdo?

Como o uso de perguntas e elementos interativos pode ser usado para capturar a atenção dos visitantes e mantê-los envolvidos com o conteúdo?

Como o uso do humor e da personalidade pode ser usado para chamar a atenção dos visitantes e tornar a página de destino mais relacionável?

Como o uso de espaço em branco e espaço negativo pode ser usado para criar um design limpo e organizado que capte a atenção dos visitantes?

Como usar uma navegação clara e fácil de usar para chamar a atenção dos visitantes e guiá-los pela página de destino?

Como utilizar a utilização de chamadas à ação claras e proeminentes para captar a atenção dos visitantes e orientá-los para a ação desejada?

Como o uso de uma proposta de valor clara e atraente pode ser usado para capturar a atenção dos visitantes e mantê-los envolvidos com o conteúdo?

Como o uso de informações claras e detalhadas sobre produtos ou serviços pode ser usado para capturar a atenção dos visitantes e mantê-los envolvidos com o conteúdo?

Como pode ser utilizado o uso de informações claras e detalhadas sobre preços para captar a atenção dos visitantes e mantê-los envolvidos com [assunto]

Pode-me fornecer uma lista de clientes satisfeitos que estariam dispostos a fornecer um depoimento?

Pode-me ajudar a criar um e-mail ou mensagem para enviar aos clientes pedindo um depoimento?

Como posso incentivar os clientes a prestar um testemunho?

Podem ajudar-me a configurar um formulário de avaliação ou de envio de testemunhos na minha página de destino?

Como posso utilizar eficazmente as redes sociais para recolher testemunhos de clientes?

Como posso garantir que os testemunhos que reúno são genuínos e credíveis?

Com que frequência devo recolher e atualizar testemunhos na minha página de destino?

Pode-me ajudar a analisar e selecionar os melhores depoimentos para usar na minha landing page?

Como posso usar depoimentos para aumentar as taxas de conversão na minha página de destino?

Como posso usar os testemunhos para construir confiança e credibilidade junto dos potenciais clientes?

Como posso usar depoimentos para mostrar os benefícios e o valor do meu produto ou serviço?

Como posso usar depoimentos para abordar possíveis objeções ou preocupações que potenciais clientes possam ter?

Como posso usar depoimentos em vídeo na minha página de destino?

Como posso usar imagens de clientes satisfeitos em depoimentos na minha landing page?

Como posso usar citações de clientes e trechos de depoimentos na minha página de destino?

Como posso usar depoimentos de especialistas do setor ou influenciadores na minha página de destino?

Como posso usar depoimentos de clientes anteriores com dados demográficos semelhantes ao meu público-alvo na minha página de destino?

Como posso usar depoimentos de clientes que tiveram resultados significativos usando o meu produto ou serviço na minha página de destino?

Como posso usar depoimentos em diferentes secções da minha página de destino para orientar a atenção do visitante?

Como posso usar depoimentos em combinação com outros elementos persuasivos para aumentar as taxas de conversão?

Como posso usar os depoimentos de clientes nas minhas campanhas publicitárias para aumentar as taxas de cliques?

Como posso usar os testemunhos de clientes no meu email marketing para aumentar as taxas de abertura e de conversão?

Como posso usar os testemunhos de clientes nas minhas publicações nas redes sociais para aumentar o envolvimento e as taxas de conversão?

Como posso usar depoimentos de clientes nas minhas postagens de blog para aumentar o engajamento e as taxas de conversão?

Como posso usar os depoimentos de clientes no meu conteúdo de vídeo para aumentar o envolvimento e as taxas de conversão?

Como posso tornar o meu título mais atraente?

Quais são algumas das melhores práticas para escrever um apelo à ação forte?

Como posso usar a prova social para aumentar a confiança na minha página de destino?

Como posso usar o storytelling no meu copywriting para criar uma conexão mais emocional com o meu público?

Como posso usar uma linguagem persuasiva para converter mais visitantes em clientes?

Como posso otimizar a minha cópia para motores de busca?

Como posso utilizar dados e estatísticas para apoiar os meus pedidos?

Como posso usar as perguntas da minha cópia para envolver o meu público?

Como posso utilizar a formatação para tornar a minha cópia visualmente mais apelativa?

Como posso usar o humor na minha cópia para construir uma marca mais relacionável?

Como posso utilizar uma linguagem específica e concreta para tornar a minha cópia mais convincente?

Como posso usar a voz ativa na minha cópia para torná-la mais envolvente?

Como posso usar palavras e frases negativas para criar um senso de urgência?

Como posso usar palavras poderosas para tornar a minha cópia mais persuasiva?

Como posso usar táticas de escassez para gerar conversões?

Como posso usar marcadores e listas para tornar a minha cópia, mais digitalizáveis?

Como posso utilizar imagens e vídeos para melhorar a minha cópia?

Como posso usar os testemunhos de clientes para aumentar a confiança?

Como posso usar a fórmula AIDA para estruturar a minha cópia?

Como posso usar a fórmula PAS para criar uma cópia persuasiva?

Como posso usar a regra de três no meu copywriting?

Como posso usar o poder de três para tornar a minha cópia mais eficaz?

Como posso usar o método da pirâmide invertida para estruturar a minha cópia?

Como posso usar o método problema-agitar-resolver para escrever uma cópia eficaz?

Como posso usar o método antes-depois-ponte para escrever uma cópia persuasiva?

Como posso usar o método plain folks para me conectar com o meu público?

Como posso usar o método de endosso de celebridades para aumentar a credibilidade?

Como posso usar o método bandwagon para aumentar as conversões?

Como posso usar o método de transferência para melhorar a eficácia da minha cópia?

Como posso usar o método de apelo emocional para tornar a minha cópia mais envolvente?

Como posso utilizar o método de recurso lógico para tornar a minha cópia mais convincente?

Como posso usar o método de contraste para tornar a minha cópia mais eficaz?

Como posso usar o método de associação para melhorar a eficácia da minha cópia?

Como posso usar o método de autoridade para aumentar a credibilidade?

Como posso usar o método da escassez para gerar conversões?

Como posso usar o método de repetição para tornar a minha cópia mais memorável?

Como posso usar o método da simplicidade para tornar a minha cópia mais persuasiva?

Como posso utilizar o método da especificidade para tornar a minha cópia mais convincente?

Como posso usar o método da curiosidade para tornar a minha cópia mais envolvente?

Como posso utilizar o método da autoridade para tornar a minha cópia mais convincente?

Como posso usar o método de prova social para aumentar a confiança na minha página de destino?

Como posso usar o método de autoridade para fazer

Como posso criar uma mensagem de marca forte que ressoe com o meu público-alvo?

Quais são algumas das melhores práticas para criar uma identidade de marca visualmente atraente?

Como posso usar a psicologia das cores na minha marca para evocar emoções específicas no meu público?

Como posso usar a tipografia na minha marca para criar uma identidade de marca única e memorável?

Como posso usar o simbolismo na minha marca para transmitir a mensagem e os valores da minha marca?

Como posso usar o storytelling na minha marca para criar uma conexão emocional mais profunda com o meu público?

Como posso criar uma voz de marca consistente em todos os canais de marketing?

Como posso usar arquétipos de marca na minha marca para criar uma marca mais relacionável?

Como posso usar a personalidade da marca na minha marca para criar uma marca mais humana?

Como posso usar o brand storytelling para criar uma marca mais envolvente e memorável?

Como posso usar o posicionamento da marca para diferenciar a minha marca dos concorrentes?

Como posso usar as declarações de missão e visão da marca para criar uma marca mais orientada para o propósito?

Como posso usar os valores da marca para criar uma marca mais autêntica e confiável?

Como posso usar a promessa de marca para criar uma marca mais atraente?

Como posso usar a essência da marca para criar uma identidade de marca mais coesa?

Como posso usar a personalidade da marca para criar uma marca mais relacionável?

Como posso usar o posicionamento da marca para criar uma marca mais competitiva?

Como posso usar os arquétipos da marca para criar uma marca mais humana?

Como posso usar o brand storytelling para criar uma marca mais emocional?

Como posso usar a marca emocional para criar uma conexão mais profunda com o meu público?

Como posso usar o brand storytelling para criar uma narrativa de marca mais envolvente?

Como posso usar o posicionamento da marca para criar uma marca mais distinta?

Como posso usar arquétipos de marca para criar uma marca mais relacionável?

Como posso usar a personalidade da marca para criar uma marca mais humana?

Como posso incentivar os clientes a deixarem um comentário após a compra?

Quais são algumas maneiras eficazes de pedir feedback dos clientes?

Como posso usar provas sociais, como depoimentos de clientes, para incentivar outras pessoas a deixarem feedback?

Como posso usar uma pesquisa para coletar feedback valioso dos clientes?

Como posso usar campanhas de e-mail para acompanhar os clientes e coletar feedback?

Como posso usar incentivos, como descontos ou pontos de fidelidade, para incentivar os clientes a deixarem feedback?

Como posso usar um formulário de feedback na minha página de destino para coletar informações do cliente?

Como posso usar as interações do atendimento ao cliente para coletar feedback e melhorar o meu produto?

Como posso usar o teste A/B para coletar feedback sobre diferentes versões da minha página de destino?

Como posso usar a segmentação de clientes para coletar feedback direcionado de grupos específicos de clientes?

Como posso usar as personas dos clientes para coletar feedback específico para determinados grupos de clientes?

Marketing

Comandos:

Quero que aja como um anunciante. Criará uma campanha para promover um produto ou serviço da sua escolha. Escolherá um público-alvo, desenvolverá mensagens-chave e slogans, selecionará os canais de média para promoção e decidirá sobre quaisquer atividades adicionais necessárias para alcançar os seus objetivos. O meu primeiro pedido de sugestão é: "Preciso de ajuda para criar uma campanha publicitária para um novo tipo de bebida energética destinada a jovens adultos com idades compreendidas entre os 18 e os 30 anos.

"Por favor, escreva um esboço de campanha de marketing que aborde a falácia do custo irrecuperável ao apresentar o nosso [produto/serviço] para [persona ideal do cliente]. Considere como enquadrar o valor da nossa oferta em termos de benefícios futuros, em vez de investimentos passados, e como superar qualquer resistência à mudança ou biases de tomada de decisão."

"Por favor, escreva um esboço de campanha de marketing que considere a Lei de Retornos Variáveis ao posicionar o nosso [produto/serviço] para [persona ideal do cliente]. Considere como otimizar o valor que oferecemos pelo custo e como comunicar esse valor eficazmente ao público-alvo."

"Por favor, escreva um esboço de campanha de marketing que aproveite o Princípio de Pareto para identificar os [recursos do produto/serviço] mais importantes para [a persona ideal do cliente] e se concentre em maximizar o impacto desses recursos. Considere como priorizar os recursos restantes [20%/80%] para agregar valor à experiência do cliente."

"Por favor, escreva um esboço de campanha de marketing que considere o Efeito Borboleta ao segmentar [persona ideal do cliente] com o nosso [produto/serviço]. Considere como pequenas mudanças ou ações podem ter impactos grandes e imprevisíveis e como antecipar e gerir esses impactos potenciais."

"Escreva um esboço de campanha de marketing usando o Efeito Pratfall para criar mensagens e ofertas que destaquem as imperfeições ou erros do produto, ou serviço bem-humoradamente, ou autodepreciativa. Use essa abordagem para tornar o produto mais relacionável e atraente para o público-alvo e para aumentar as taxas de conversão."

"Escreva um esboço de campanha de marketing usando o Princípio do Menor Esforço para tornar o produto ou serviço o mais fácil e conveniente de usar possível. Identificar maneiras de reduzir o esforço exigido pelo público-alvo para adotar e usar o produto e criar mensagens e ofertas que destaquem esses benefícios, de modo a aumentar as taxas de conversão."

"Escreva um esboço de campanha de marketing usando a Heurística de Ancoragem e Ajuste para apresentar informações de forma lógica e incremental. Considere as impressões e suposições iniciais do público e ancore as mensagens e ofertas a esses pontos iniciais. Em seguida, faça ajustes com base em informações adicionais para aumentar as taxas de conversão."

"Escreva um esboço de campanha de marketing usando a Heurística Representativa para apelar para a [persona ideal do cliente]. Identifique o protótipo ou estereótipo que representa as expectativas e experiências do público e crie mensagens e ofertas semelhantes a este protótipo, de modo a aumentar as taxas de conversão."

"Para evitar a Falácia do Jogador, por favor, escreva um esboço de campanha de marketing que apresente dados e estatísticas significativamente e precisa. Enfatizar a importância de considerar toda a gama de informações e não confiar no desempenho passado como garantia de resultados futuros. Use dados para demonstrar a eficácia do [produto/serviço] e como ele pode ajudar [a persona ideal do cliente] a atingir os seus [objetivos]."

"Usando o princípio da análise marginal, por favor, delineie uma campanha de marketing que considere o custo marginal e o benefício marginal de várias estratégias de crescimento. Identificar as [estratégias] sendo consideradas e ponderar os custos e benefícios de cada uma em termos do seu impacto no [objetivo] geral da campanha.

Considere fatores como tempo, recursos e potencial retorno do investimento ao tomar decisões."

"Escreva um esboço de campanha de marketing que evite confiar em estereótipos ou exemplos típicos ao segmentar [persona ideal do cliente]. Use a heurística de representatividade para considerar toda a gama de informações e evitar biases e erros de julgamento. Use dados e estatísticas para apoiar o valor de considerar toda a gama de informações."

"Escreva um esboço de campanha de marketing que considere o potencial de reactância psicológica entre [a persona ideal do cliente]. Destacar a autonomia e a liberdade que o uso do [produto/serviço] proporciona e evitar linguagem ou ofertas que possam ser percebidas como controladoras ou restritivas. Enfatize a escolha e o controle que o público tem ao usar o produto."

"Escreva um esboço de campanha de marketing que aborde o potencial do Efeito Dunning-Kruger entre [a persona ideal do cliente]. Explicar a importância da educação continuada e da aprendizagem sobre o [produto/serviço] para tomar decisões informadas. Utilizar dados e estatísticas para apoiar o valor da aprendizagem e evitar sobrestimar a própria competência.»

"Por favor, escreva um [tipo de texto] delineando uma campanha de marketing que use a heurística de disponibilidade para estar ciente da importância de considerar uma ampla gama de informações e não apenas confiar em exemplos que são facilmente disponíveis ou memoráveis. Identificar quaisquer potenciais [biases e erros de julgamento] que possam ocorrer devido à heurística de disponibilidade e criar mensagens e ofertas que considerem uma gama diversificada de exemplos e pontos de dados. Além disso, forneça recursos e suporte para ajudar [a persona ideal do cliente] a considerar uma ampla gama de informações ao decidir de compra."

"Escreva um [tipo de texto] delineando uma campanha de marketing que mapeie a jornada do cliente para [a persona ideal do cliente] e crie mensagens e ofertas personalizadas para cada etapa. Identifique os [pontos de contacto] e [estados emocionais] que ocorrem em cada estágio e crie mensagens e ofertas que se alinhem com eles. Além disso, considere o papel [do feedback do cliente] e como ele pode ser usado para melhorar a jornada do cliente e aumentar as taxas de conversão."

"Por favor, escreva um [tipo de texto] delineando uma campanha de marketing usando a difusão do modelo de inovação para prever e moldar a adoção de [produto/serviço] entre [a persona ideal do cliente]. Identificar os [early adopters] e [maioria tardia] no público-alvo e criar mensagens e ofertas que apelem às suas necessidades e motivações únicas. Além disso, considere o papel [dos líderes de opinião] e como eles podem ajudar a acelerar o processo de difusão."

"Escreva um [tipo de texto] delineando uma campanha de marketing que use a escada da inferência para entender melhor os processos de pensamento da [persona ideal do cliente] e identificar potenciais barreiras à conversão. Considere as [suposições e crenças] que podem influenciar a sua tomada de decisão e crie mensagens e ofertas que abordem isso. Além disso, forneça recursos e suporte para ajudá-los a passar pela escada da inferência e tomar uma decisão de compra."

"Por favor, escreva um [tipo de texto] descrevendo uma campanha de marketing usando a 'Regra 80/20' (também conhecida como Princípio de Pareto) para identificar e priorizar as áreas mais impactantes para o crescimento [do produto/serviço]. Identifique as [principais métricas] que mais contribuem para [o resultado desejado] e crie mensagens e ofertas que se concentrem nessas áreas. Além disso, considere os [insumos minoritários] que podem ter um impacto desproporcional nos [produtos maioritários] e como aproveitá-los efetivamente."

Escreva um e-mail de boas-vindas para [Nome do produto] que faz o seguinte [Descrição do produto] com os seguintes benefícios [Benefícios do produto] com o seguinte[Call to Action to for users]

Gere uma descrição do produto de parágrafo de várias frases para as seguintes palavras-chave: [descrever produto]

Pode-me fornecer algumas ideias para postagens de blog sobre como cancelar a assinatura de e-mails?

É especialista em SEO. Crie 5 artigos para cobrir a palavra-chave "Chat Bot"

Como pode promover o seu blog gratuitamente? Escreva cinco ideias.

Crie uma publicação padrão do CEO no LinkedIn.

Qual é o melhor canal de marketing?

Como posso obter backlinks de alta qualidade para aumentar o SEO do meu site?

Efetue 5 mensagens CTA distintas e botões para a loja de bicicletas.

Por favor, forneça-me uma lista dos principais títulos de blog SEO para um site que vende acessórios para cães.

Como pode usar as médias sociais para aumentar o reconhecimento da marca?

Que estratégias criativas pode implementar para aumentar o envolvimento do cliente?

Quais métricas-chave deve acompanhar para medir o sucesso nas suas campanhas de marketing?

Que técnicas pode utilizar para melhor segmentar o seu cliente ideal?

Quais são os métodos mais rentáveis para atingir o seu público-alvo?

Como pode usar o marketing de influência para aumentar a visibilidade da sua marca?

Como pode usar o marketing de conteúdo para criar fidelidade e confiança na sua marca?

Como pode transformar o feedback do cliente em insights e estratégias úteis?

Que estratégias únicas pode usar para se destacar da concorrência?

Como pode usar testes A/B para otimizar as suas campanhas de marketing?

Como pode usar a segmentação de mercado para identificar o público-alvo certo?

Como pode usar o feedback do cliente para identificar oportunidades de melhoria?

Como pode usar insights orientados por dados para informar as suas decisões de marketing?

Que métodos pode usar para otimizar o seu site para uma melhor experiência do utilizador?

Como pode aproveitar ao máximo a sua base de clientes existente para impulsionar mais vendas?

Como pode usar o e-mail marketing para aumentar o envolvimento do cliente?

Que estratégias pode implementar para tornar o seu conteúdo mais partilhável?

Como usar promoções e descontos para aumentar as vendas?

Como pode usar a tecnologia mais recente para melhorar o atendimento ao cliente?

Como usar as avaliações online para melhorar a satisfação do cliente?

Como pode usar a segmentação de clientes para criar campanhas mais direcionadas?

Que táticas pode usar para capturar mais leads e convertê-los em clientes?

Como pode usar o storytelling nas suas campanhas de marketing para envolver os clientes?

Como pode usar o marketing de vídeo para aumentar a visibilidade da marca?

Como pode usar o marketing de influência para alcançar um público mais amplo?

Como pode usar a segmentação de clientes para fornecer conteúdo personalizado?

Quais estratégias pode usar para garantir uma melhor experiência do cliente?

Como pode usar pesquisas on-line para obter feedback dos clientes?

Que métodos pode utilizar para medir o ROI das suas campanhas de marketing?

Como pode usar o teste A / B para otimizar o seu site para melhores conversões?

Como usar o marketing de conteúdo para gerar leads mais qualificados?

Que táticas pode usar para aumentar a fidelidade do cliente?

Quais métricas-chave deve acompanhar para medir o sucesso no seu marketing?

Como usar o conteúdo visual para se destacar da concorrência?

Como pode usar a automação para maximizar a eficiência e economizar tempo?

Como pode usar o redirecionamento para gerar conversões?

Como pode usar a segmentação de clientes para criar campanhas mais eficazes?

Que estratégias pode usar para criar um sistema eficaz de geração de leads?

Como usar a inteligência artificial para melhorar a experiência do cliente?

Como pode usar o marketing baseado em localização para alcançar mais clientes?

Que táticas pode usar para aumentar o engajamento nas redes sociais?

Como pode usar a gamificação para aumentar a fidelidade do cliente?

Como pode usar o storytelling para criar uma conexão emocional com os clientes?

Como pode usar o feedback do cliente para melhorar a sua estratégia de marketing?

Como pode usar a análise de dados para acompanhar o sucesso das suas campanhas?

Como pode usar a tecnologia para criar experiências de cliente mais personalizadas?

Que estratégias pode utilizar para maximizar o alcance das suas campanhas?

Como você pode usar as avaliações online para aumentar a confiança do cliente na sua marca?

Que táticas pode usar para criar campanhas de email marketing mais eficazes?

Como pode usar as mídias sociais para aumentar a fidelidade à marca?

Como pode usar o marketing de conteúdo para criar uma identidade de marca única?

Como pode usar o SEO para melhorar o ranking do seu site?

Como pode usar o marketing de influência para construir relacionamentos com os clientes?

Marketing Psychology

Comandos:

"Escreva um esboço de campanha de marketing usando a estrutura 'Viés de reciprocidade' para criar um senso de obrigação na [persona ideal do cliente] de experimentar o nosso [produto/serviço]. Inclua valor agregado ou bónus e incentive a reciprocidade pedindo um favor ou ação em troca."

"Usando a estrutura 'Attribution Bias', escreva um esboço de campanha de marketing que atribua os sucessos ou fracassos do nosso [produto/serviço] a fatores internos. Enfatize as qualidades internas do nosso produto e como ele pode ajudar [a persona ideal do cliente] a alcançar os seus objetivos."

"Escreva um esboço de campanha de marketing usando a estrutura 'Anchoring Bias' para moldar as perceções de [persona ideal do cliente] sobre nosso [produto/serviço]. Destaque primeiro as informações mais importantes ou relevantes e use essas informações como âncora para influenciar as suas decisões."

"Usando a estrutura 'Self-Handicapping', por favor, escreva um esboço de campanha de marketing que aborde potenciais obstáculos ou dúvidas [persona ideal do cliente] sobre o uso do nosso [produto/serviço]. Ofereça suporte e recursos para ajudá-los a superar esses desafios e enfatize as qualidades internas do nosso produto que podem ajudá-los a alcançar os seus objetivos."

"Escreva um esboço de campanha de marketing usando a estrutura 'Viés de confirmação' para apelar para as crenças preexistentes da [persona ideal do cliente] sobre [assunto]. Apresente informações de uma forma que apoie os seus pontos de vista e esteja alinhado com os seus valores, e use [técnica de persuasão] para incentivá-los a agir e experimentar o nosso [produto/serviço]."

"Escreva um esboço de campanha de marketing usando a estrutura 'Self-Serve Bias' para destacar os sucessos que as pessoas podem alcançar com o nosso [produto/serviço] e minimizar o papel de fatores externos nos resultados. Explique como o nosso produto pode ajudar [a persona ideal do cliente] a alcançar o seu [objetivo] e apresente testemunhos de clientes satisfeitos."

"Usando a estrutura de 'Comparação Social', escreva um esboço de campanha de marketing que destaque os sucessos de outras pessoas usando o nosso [produto/serviço] e como isso pode ajudar [a persona ideal do cliente] a alcançar resultados semelhantes. Apresente testemunhos de clientes satisfeitos e explique como o nosso produto pode ajudá-los a alcançar o seu [objetivo]."

"Escreva um esboço de campanha de marketing usando a estrutura 'Social Learning' para mostrar os sucessos e benefícios de usar o nosso [produto/serviço] para [persona ideal do cliente]. Descreva os resultados positivos que outros experimentaram com o nosso produto e forneça incentivos para o leitor experimentar para o leitor experimentar por conta própria."

"Usando a estrutura 'Profecia Autor realizável', escreva um esboço de campanha de marketing que destaque os resultados potenciais do uso do nosso [produto/serviço] para [persona ideal do cliente]. Explique como o nosso produto pode ajudá-los a alcançar o seu [objetivo] e apresente testemunhos de clientes satisfeitos para ilustrar o impacto positivo que teve nos outros."

"Usando a Teoria da 'Auto eficácia', escreva um esboço de campanha de marketing que crie confiança na [persona ideal do cliente] e o ajude a se sentir capaz de alcançar os seus objetivos com o nosso [produto/serviço]. Destaque os sucessos de outras pessoas que usam o nosso produto e forneça recursos e suporte para ajudá-los a sentirem-se preparados para agir."

"Escreva um esboço de campanha de marketing usando a Teoria da 'Autopreservação' para persuadir [a persona ideal do cliente] a adotar uma atitude ou crença específica sobre o nosso [produto/serviço]. Incentive-os a tomar pequenas ações que sejam consistentes com a atitude ou crença desejada e destaque como essas ações podem influenciar a sua autopercepção e levar a resultados positivos."

"Usando o efeito 'Isso não é tudo', escreva um esboço de campanha de marketing que comece com uma pequena solicitação, como se inscrever num boletim informativo ou fazer uma pequena ação, e depois siga com uma solicitação maior, como fazer uma compra ou inscrever-se para uma avaliação. Enfatize os benefícios e o valor da solicitação maior e como ela pode ajudar [a persona ideal do cliente] a alcançar os seus objetivos."

"Escreva um esboço de campanha de marketing usando a estrutura 'Sunk Cost Fallacy' para persuadir [a persona ideal do cliente] a continuar a investir no nosso [produto/serviço], destacando os recursos que ele já investiram e como seria um desperdício não observar os retornos desse investimento. Enfatize as potenciais perdas e arrependimentos de não tomar medidas e como o nosso produto pode ajudá-los a recuperar os seus investimentos."

"Escreva um esboço de campanha de marketing usando o 'Princípio da Escassez' para criar um senso de urgência e desejo por nosso [produto/serviço] entre [a persona ideal do cliente]. Destaque a disponibilidade limitada ou a natureza exclusiva do produto e forneça um apelo à ação claro para os clientes aproveitarem a oportunidade antes que seja tarde demais."

"Escreva um esboço de campanha de marketing usando a estrutura 'Reactance' para respeitar a autonomia da [persona ideal do cliente] e permitir que ele se sinta no controlo do seu processo de tomada de decisão. Identifique potenciais ameaças à sua liberdade ou autonomia e crie mensagens e ofertas que abordem essas ameaças e mantenham o seu sentido de controlo."

"Usando a estrutura 'Aversão a Perdas', escreva um esboço de campanha de marketing que enfatize as perdas potenciais que [a persona ideal do cliente] pode incorrer se eles não agirem no nosso [produto/serviço]. Identifique as perdas específicas que podem enfrentar e use isso como um motivador para agir."

"Escreva um esboço de campanha de marketing usando a estrutura 'Framing Effect' para apresentar informações sobre o nosso [produto/serviço] de uma forma que influencie a perceção e a tomada de decisão da [persona ideal do cliente]. Considere os diferentes quadros que poderiam ser usados (por exemplo, ganho vs perda, positivo vs negativo) e escolha o quadro mais favorável para o nosso produto."

"Usando a estrutura 'Condicionamento Clássico', por favor, escreva um esboço de campanha de marketing que associe o nosso [produto/serviço] a resultados positivos e reforce essa associação através da repetição. Identificar o estímulo (nosso produto) e a resposta desejada (uma ação positiva, como uma compra) e criar um plano para reforçar essa associação."

"Escreva um esboço de campanha de marketing usando a estrutura 'Ancoragem e Ajuste' para influenciar o processo de tomada de decisão da [persona ideal do cliente], fornecendo um ponto de referência ou oferta inicial. Use essa âncora para orientar o cliente em direção a um resultado desejado, considerando os ajustes que ele pode fazer com base nessa âncora."

"Escreva um esboço de campanha de marketing usando a Teoria do Apego para apelar para os laços emocionais e psicológicos da persona ideal do cliente. Identificar a segurança e o conforto que procuram nas relações de proximidade e apresentar o nosso [produto/serviço] para melhorar a qualidade dessas relações e melhorar o seu bem-estar geral. Inclua depoimentos de clientes satisfeitos e destaque os benefícios de usar o nosso produto nos seus relacionamentos."

"Escreva uma campanha de marketing usando a Teoria da Dissonância Cognitiva para reduzir quaisquer crenças ou ações conflituantes de [persona ideal do cliente] e aumentar as taxas de conversão. Destacar os benefícios e o valor de usar o nosso [produto/serviço] e como ele se alinha com os seus valores e crenças. Inclua depoimentos e exemplos de outras pessoas usando o produto com sucesso para reduzir qualquer dissonância potencial."

"Usando a Teoria da Autodeterminação, crie uma campanha de marketing que fale com a [autonomia], [competência] e [parentesco] da [persona ideal do cliente]. Enfatize o controle e a escolha que eles têm ao usar o nosso [produto/serviço] e como ele se alinha com os seus valores e objetivos. Forneça exemplos e testemunhos de outras pessoas que usam o produto com sucesso para construir confiança e um senso de competência."

"Escreva uma campanha de marketing usando a Teoria da Identidade Social para apelar para a [identidade] da [persona ideal do cliente]. Destacar os benefícios de usar o nosso [produto/serviço] e como ele se alinha com a sua identidade social e valores. Inclua depoimentos e exemplos de outras pessoas no seu grupo social usando o produto com sucesso para criar um sentimento de pertencente e positividade."

"Usando a Hierarquia de Necessidades da Maslow, crie uma campanha de marketing que fale com a [necessidade atual] de [persona ideal do cliente]. Destaque como nosso [produto/serviço] pode ajudá-los a atender a essa necessidade e subir na hierarquia em direção à autorrealização. Use uma linguagem que ressoe com o seu estágio atual na hierarquia e aborde as suas necessidades e objetivos específicos."

SEO

Comandos:

Escreva uma lista de 10 títulos para artigos de blog sobre [TÓPICO]

Os títulos devem ser SEO otimizado para a palavra-chave [PALAVRA-CHAVE]

Escreva um metatítulo para um artigo sobre [TÓPICO]. Inclua um número no início do título

Escreva uma meta descrição para um artigo sobre [X]. 160 caracteres máximos, incluindo espaços. SEO otimizá-lo para a palavra-chave [Y]

Escreva uma lista de 10 perguntas frequentes para [TOPIC] a ser usado no esquema FAQ. Formate-o numa matriz javascript com uma lista de perguntas: e resposta: (ou qualquer formato que quiser).

Cada resposta deve ter menos de 50 palavras, e deve deixar o leitor curioso para visitar o nosso site para saber mais.

Reescreva o seguinte artigo para ser completamente único e altamente envolvente. Adicione marcadores. Torne-o mais atraente. Reformular cada frase para ser única. Parafraseie cada frase. Simplifique-o. Cada frase, parágrafo e linha deve ser 100% único. Não deve haver palavras ou frases iguais, ou remotamente semelhantes ao artigo original. [Cole o artigo inteiro]

Escreva 10 pontos completamente únicos e originais sobre [TÓPICO] no mesmo formato. Nenhum ponto deve ser o mesmo do artigo original. Copie a formatação original.

Social Media Influencer

Comandos:

Quero que atue como um influenciador de mídia social. Criará conteúdo para várias plataformas, como Instagram, Twitter ou YouTube, e se envolverá com os seguidores para aumentar o reconhecimento da marca e promover produtos ou serviços. O meu primeiro pedido de sugestão é: "Preciso de ajuda para criar uma campanha envolvente no Instagram para promover uma nova linha de roupas xpto".

Quero que atue como um gerente de mídia social. Será responsável por desenvolver e executar campanhas em todas as plataformas relevantes, interagir com o público respondendo a perguntas e comentários, monitora conversas por meio de ferramentas de gestão de comunidade, usar análises para medir o sucesso, criar conteúdo envolvente e atualizar regularmente. O meu primeiro pedido de sugestão é: "Preciso de ajuda para gerir a presença de uma organização no Twitter para aumentar o reconhecimento da marca".

Storytelling

Comandos:

"Quero que atue como um contador de histórias. Criará histórias divertidas que são envolventes, imaginativas e cativantes para o público. Pode ser contos de fadas, histórias educativas ou qualquer outro tipo de histórias que tenha o potencial de captar a atenção e a imaginação das pessoas. Dependendo do público-alvo, pode escolher temas ou tópicos específicos para sua sessão de cotação de histórias, por exemplo, se forem crianças, então pode falar sobre animais. Se forem adultos, então os contos baseados na história podem envolvê-los melhor, etc. o meu primeiro pedido é "Preciso de uma história interessante sobre perseverança".

Dê-me um resumo do enredo e personagens principais do livro [nome do livro]

Forneça-me um resumo do enredo, personagens principais e principais conclusões do livro/história [nome da história].

Title Generator

Comandos:

Quero que atue como um gerador de títulos para peças escritas. Vou fornecer-lhe o tópico e palavras-chave de um artigo, e vai gerar cinco títulos que chamam a atenção. Por favor, mantenha o título conciso e com menos de 20 palavras, e certifique-se de que o significado é mantido. As respostas utilizarão o tipo de idioma do tópico. Meu primeiro tópico é "LearnData, uma base de conhecimento construída no VuePress, na qual integrei todas as minhas anotações e artigos, facilitando o meu uso e compartilhamento".

Twitter

Comandos:

Escreva 10 tweets altamente envolventes sobre [TÓPICO]. Torne-os tweets virais que recebem muita atenção e engajamento. Faça uma pergunta no final para envolver o público.

Escreva uma lista de 10 títulos para um PDF altamente envolvente que eu poderia usar como um lead magnet para oferecer. Deve ser extremamente valioso para o público.

Escreva um brinde de Tweet para um PDF gratuito sobre [Cabeçalho]. Peça aos utilizadores para curtir ou retweetar para obter o PDF.

Escreva uma lista de 15 títulos para um PDF sobre [TÓPICO]. Cada título deve ser único e altamente valioso para o público.

Escreva um tópico altamente envolvente e viral no Twitter sobre [TÓPICO]. Escreva 20 tweets. Utilizar a estrutura: [Título] - Marcador 1, -Marcador 2, -Marcador 3

YouTube Ideas

Comandos:

Preciso de uma ideia de vídeo no YouTube que forneça uma visão dos bastidores da minha [empresa/marca] e convença a minha [persona ideal do cliente] a tomar [a ação desejada] com um senso de autenticidade

Estou a procurar uma ideia de vídeo no YouTube que forneça um guia passo-a-passo sobre como usar o meu [produto/serviço] e persuadir a minha [persona de cliente ideal] a fazer uma compra com instruções claras e convincentes.

Preciso de um vídeo no YouTube que demonstre como o meu [produto/serviço] pode resolver os pontos problemáticos específicos e as necessidades da minha [persona ideal do cliente] de uma forma relacionável e envolvente.

Estou à procura de uma ideia de vídeo no YouTube que mostre os pontos de venda únicos do meu [produto/serviço] e convença a minha [persona ideal para o cliente] a fazer uma compra com um sentido de urgência e ofertas exclusivas.

Preciso de uma ideia de vídeo do YouTube que compare o meu [produto/serviço] com opções semelhantes no mercado e convença a minha [persona de cliente ideal] a escolher-nos com provas claras e convincentes.

Estou a procurar uma ideia de vídeo do YouTube que atraia a minha [persona ideal do cliente] com uma mensagem relacionável e autêntica e, em seguida, convencê-los a tomar [a ação desejada] com um forte call-to-action e vídeos atraentes.

Preciso de um vídeo no YouTube que mostre as histórias de sucesso de clientes anteriores que usaram o meu [produto/serviço] e convença a minha [persona de cliente ideal] a fazer uma compra.

Preciso de um vídeo do YouTube que envolva a minha [persona ideal do cliente] com uma perspetiva única e atraente sobre [assunto] e os convença a tomar [a ação desejada] no meu [site/produto].

Link

Clique aqui terá uma lista de todas as palavras aqui numa folha de Excel para mais fácil maneio

9 798386 419219